BEI GRIN MACHT SICH IHR WISSEN BEZAHLT

- Wir veröffentlichen Ihre Hausarbeit, Bachelor- und Masterarbeit

- Ihr eigenes eBook und Buch - weltweit in allen wichtigen Shops

- Verdienen Sie an jedem Verkauf

Jetzt bei www.GRIN.com hochladen und kostenlos publizieren

Bibliografische Information der Deutschen Nationalbibliothek:

Die Deutsche Bibliothek verzeichnet diese Publikation in der Deutschen Nationalbibliografie; detaillierte bibliografische Daten sind im Internet über http://dnb.dnb.de/ abrufbar.

Dieses Werk sowie alle darin enthaltenen einzelnen Beiträge und Abbildungen sind urheberrechtlich geschützt. Jede Verwertung, die nicht ausdrücklich vom Urheberrechtsschutz zugelassen ist, bedarf der vorherigen Zustimmung des Verlages. Das gilt insbesondere für Vervielfältigungen, Bearbeitungen, Übersetzungen, Mikroverfilmungen, Auswertungen durch Datenbanken und für die Einspeicherung und Verarbeitung in elektronische Systeme. Alle Rechte, auch die des auszugsweisen Nachdrucks, der fotomechanischen Wiedergabe (einschließlich Mikrokopie) sowie der Auswertung durch Datenbanken oder ähnliche Einrichtungen, vorbehalten.

Impressum:

Copyright © 2016 GRIN Verlag
Druck und Bindung: Books on Demand GmbH, Norderstedt Germany
ISBN: 9783668913233

Dieses Buch bei GRIN:

https://www.grin.com/document/457175

Betül Gücyeter

Trainingsplanung Makro- und Mesozyklus

GRIN Verlag

GRIN - Your knowledge has value

Der GRIN Verlag publiziert seit 1998 wissenschaftliche Arbeiten von Studenten, Hochschullehrern und anderen Akademikern als eBook und gedrucktes Buch. Die Verlagswebsite www.grin.com ist die ideale Plattform zur Veröffentlichung von Hausarbeiten, Abschlussarbeiten, wissenschaftlichen Aufsätzen, Dissertationen und Fachbüchern.

Besuchen Sie uns im Internet:

http://www.grin.com/

http://www.facebook.com/grincom

http://www.twitter.com/grin_com

Deutsche Hochschule für
Prävention und Gesundheitsmanagement
Hermann Neuberger Sportschule 3
66123 Saarbrücken

Einsendeaufgabe

Fachmodul:	Trainingslehre 1
Studiengang:	Bachelor of Arts in Fitnesstraining
Datum Präsenzphase:	26.09. – 29.09.2016
Name, Vorname:	Gücyeter, Betül
Studienort:	Köln
Semester:	SS 2016

Inhaltsverzeichnis

1 DIAGNOSE 3

   1.1 Allgemeine und biometrische Daten 3

      1.1.1 Bewertung der biometrischen Daten 3

   1.2 Krafttestung 4

2 ZIELSETZUNG / PROGNOSE 5

3 TRAININGSPLANUNG MAKROZYKLUS 7

4 TRAININGSPLANUNG MESOZYKLUS 10

5 LITERATURRECHERCHE 13

6 LITERATURVERZEICHNIS 15

7 ABBILDUNGS- UND TABELLENVERZEICHNIS 16

   7.1 Tabellenverzeichnis 16

1 Diagnose

1.1 Allgemeine und biometrische Daten

Tab. 1: Allgemeine Daten zur Person (eigene Darstellung)

Alter	21 Jahre
Geschlecht	Weiblich
Körpergröße	162 cm
Körpergewicht	60 kg
Trainingsmotive	<ul><li>Körperformung</li><li>Körperstraffung</li><li>definierter Körper</li><li>weniger Rückenschmerzen</li><li>Ausgleich zum Beruf</li></ul>
berufliche Tätigkeit	Kassiererin im Einzelhandel (überwiegend sitzend)
aktuelle und frühere sportliche Aktivitäten (inkl. Leistungsstufe und Trainingsumfang)	<ul><li>Aktuell betreibt die Person 3 mal wöchentlich ein Ganzkörpertraining im Fitnessstudio (seit 10 Monaten).</li><li>Früher wurde keiner sportlichen Aktivität nachgegangen.</li></ul>
zeitlicher Verfügungsrahmen	3 Trainingstage in der Woche mit einem Zeitbudget von je 1 – 1,5 Stunden

Tab. 2: Biometrische Daten zur Person (eigene Darstellung)

Blutdruck	122 / 81 mmHg Normwert: < 130 / < 85 mmHg
Körperfettanteil (inBody-Messung)	21 %
allgemeiner Gesundheitszustand	<ul><li>orthopädische Beschwerden: Rückenschmerzen an der Lendenwirbelsäule</li><li>internistische Beschwerden: keine</li><li>Medikamenteneinnahme: keine</li><li>ärztliche Behandlung: keine.</li></ul>
sonstige gesundheitlichen Einschränkungen	Keine

1.1.1 Bewertung der biometrischen Daten

Mit einem Blutdruck von 122 / 81 mmHg liegt die Kundin nach der Blutdruckklassifikation im Normbereich. Das bedeutet unter einem Wert von 130 mmHg systolisch und unter 85 mmHg diastolisch.

Wie oben bereits aufgeführt, bestehen keine gesundheitlichen Einschränkungen, außer den Rückenschmerzen, die vermutlich von der monotonen Arbeitshaltung zustande kommen.

Die Kundin darf am ganzen Körper mit Trainingsreizen belastet werden, jedoch sind hohe Belastungen und Scherkräfte auf die Wirbelsäule zu vermeiden. Auf die Schmerzempfindlichkeit in diesem Bereich muss Rücksicht genommen werden. Zum Körperfettanteil wird bei der Zielsetzung/Prognose näher eingegangen.

1.2 Krafttestung

Damit die Kundin ihre Ziele in der gewünschten Zeit erreichen kann, muss dementsprechend die richtige Intensität für jede Übung gewählt werden. Ein Mehrwiederholungskrafttest (X-RM-Test) hat sich als sehr sinnvoll erwiesen, da sie somit vor jedem Mesozyklus auf die Wiederholungszahlen im folgenden Mesozyklus vorbereitet wird. Der Maximalkrafttest würde die Kundin überfordern, da sie vorher nur mit niedrigeren Intensitäten trainiert hat.

Zu Beginn der Krafttestung wird ein allgemeines und spezielles Warm-Up durchgeführt. Die Übungen des jeweiligen Trainingsplans werden der Reihe nach mit der Wiederholungszahl getestet, mit der im ersten Mesozyklus trainiert werden soll. Ziel ist es, in ein bis drei Testsätzen die bestimmte Anzahl an technisch korrekten Wiederholungen auszuführen. Das ermittelte Gewicht muss mit der festgelegten Wiederholungszahl, die sich nach dem Trainingsziel der Kundin richtet, maximal bewältigt werden (Strack & Eifler, 2005). Je nach subjektivem Empfinden wird die Intensität um 5%, 10% oder 25% erhöht. Zwischen den Sätzen wird eine dreiminütige Erholung durchgeführt (Zimmer, 1999).

Tab. 3: 15-RM Testergebnisse (eigene Darstellung)

Übung	WH	1. Testsatz	2. Testsatz	3. Testsatz
Kniebeuge mit Langhantel	15	40 kg	45 kg	50 kg
Ausfallschritte an der Multipresse	15	20 kg	25 kg	30 kg
Latzug am Gerät	15	25 kg	30 kg	32,5 kg
Brustpresse	15	20 kg	25 kg	-
Rudern am Seilzug	15	15 kg	20 kg	-
Butterfly mit Kurzhanteln	15	5 kg	7 kg	9 kg
Rückenstrecker	15	35 kg	40 kg	-
Crunch am Seilzug	15	10,25 kg	12,25 kg	-
Lateralflexion am Seilzug	15	8,25 kg	10,25 kg	-

Aus dem Mehrwiederholungskrafttest lässt sich folgern, dass ein interindividueller Leistungsvergleich nicht möglich ist. Auf die Kraftentwicklung wirken zahlreiche Einflussfaktoren und Störgrößen wie Koordination, Beweglichkeit und Technik, außerdem sind keine Referenz- und Normwerte gegeben. Aus diesem Grund lassen sich keine Aussagen über das aktuelle Leistungsniveau treffen.

Eine Leistungsentwicklung kann durch regelmäßig durchgeführte Re-Checks sichtbar gemacht werden. Somit besteht die Möglichkeit eines individuellen Leistungsvergleichs.

Durch die „Individuelle – Leistungsbild – Methode" (ILB – Methode) ist es möglich, das Trainingsniveau und somit die Trainingsintensität der Kundin abzuleiten. Entsprechend der Grobgliederung nach der ILB – Methode (Eifler, 2000; 2013; Zimmer, 1999) ordne ich meine Kundin als „Geübte" ein, da sie 6 bis12 Monate Trainingserfahrung hat (Eifler, Studienbrief Trainingslehre 1, 2016, S. 160). Somit wird bei den Trainingsplänen eine Intensität von 60 – 80 % ausgewählt.

2 Zielsetzung / Prognose

Damit eine zielgerichtete Trainingsplanung erfolgen kann, werden anhand der Trainingsmotive der Kundin drei Ziele festgelegt.

Tab. 4: Zielsetzung (eigene Darstellung)

Inhalt	Ausmaß	Zeit
Muskelaufbau	4 kg	6 Monate
Körperfettreduktion	4 %	6 Monate
Rückenschmerzen lindern	Subjektives Schmerzempfinden von 5 auf 2 (bei einer Skala von 1 „schmerzfrei" bis 10 „kaum ertragbar")	3 Monate

Im ersten Ziel „Muskelaufbau" wird eine Zunahme an Muskelmasse von 4 kg in sechs Monaten angestrebt. Zu Beginn und zum Abschluss des nächsten Makrozyklus wird mit der inBody-Waage eine Körperanalyse durchgeführt, um die vorhandene Muskelmasse und im Nachhinein aufgebaute vergleichen zu können. Damit wird dem Trainingsmotiv „Körperformung" und „Körperstraffung" nachgegangen.

Als nächstes wird eine Körperfettreduktion um 4 % ebenfalls in sechs Monaten angestrebt. Die Kundin hat im Moment einen Körperfettanteil von 21 % und möchte ihn auf 17 % reduzieren. Dieses Ziel steht im Zusammenhang mit einem ästhetischen Erscheinungsbild. Die Muskulatur wird durch die Reduktion des Körperfetts in den Vordergrund gebracht und somit wird dem Ziel „definierter Körper" nachgegangen. Auch hier wird wie gewünscht dem Motiv „Körperstraffung" und „Körperformung" nachgegangen.

Das dritte Ziel beinhaltet die Linderung der Rückenschmerzen an der Lendenwirbelsäule innerhalb von drei Monaten. Der Grad der Schmerzen wurde in Zahlen ausgedrückt. In einer Skala von eins bis zehn ist zehn sehr schmerzhaft und die Kundin möchte diese von fünf auf zwei senken. Durch ein abwechslungsreiches Trainingsprogramm und einem gut gestalteten Ganzkörpertraining wird die Kundin dem Trainingsmotiv näher gebracht. Dadurch werden die Ziele „weniger Rückenschmerzen" und „Ausgleich zum Beruf" erreicht. Die Beschwerden führen nicht zu einem Einwand bei der Trainingsplanung.

3 Trainingsplanung Makrozyklus

In der folgenden Tabelle (Tab. 6) wurde ein sechs monatiger Makrozyklus auf der Basis der ILB – Methode erstellt:

Tab. 5: Makrozyklusplanung „Geübter" nach ILB

	Mesozyklus I	Mesozyklus II	Mesozyklus III	Mesozyklus IV
Dauer	6 Wochen	6 Wochen	6 Wochen	6 Wochen
Trainings-methodik	Kraftaus-dauer/ Muskelaufbau	Muskelaufbau	Muskelaufbau	Muskelaufbau
Häufigkeit/ Woche	2 – 3	2 – 3	2 – 3	2 – 3
Organisations-form	Ganzkörper	Ganzkörper	Ganzkörper	Ganzkörper
Übungen/ Muskelgruppe	15 – RM – Test / 1 – 2	12 – RM – Test / 1 – 2	10 – RM – Test / 1 – 2	8 – RM – Test / 1 – 2
Sätze/ Übung	2 – 3	2 – 3	2 – 3	2 – 3
Satzpausen	2 Minuten	2 Minuten	3 Minuten	3 Minuten
Wiederholungen	15	12	10	8
Intensität	60 – 80 % ILB	60 – 80 % ILB	60 – 80 % ILB	60 – 80 % ILB
Bewegungstempo	2|0|2	2|0|2	2|0|2	2|0|2

Die Belastungsparameter wurden vom Grobraster der ILB – Methode übernommen. Bei der Kundin handelt es sich um eine Fitness- und Gesundheitssportlerin, deswegen eignet sich diese Methode für sie am besten, da sie speziell für diese Zielgruppen entwickelt wurde. Da die Kundin Muskeln aufbauen und ihren Körperfettgehalt senken möchte, wird in dem Makrozyklus hauptsächlich auf die Methode Muskelaufbau eingegangen. Durch einen Muskelmasseaufbau resultiert ein erhöhter Grundumsatz, das heißt je mehr Muskeln sie aufbaut, desto geringer wird der Körperfettanteil der Kundin. Da die Person an Rückenschmerzen leidet, kann durch ein Muskelaufbautraining auch eine Entlastung der Bandscheiben durch eine stärkere Rückenmuskulatur erzielt werden, somit nehmen ihre Beschwerden kontinuierlich ab.

Die Kundin hat bisher nur mit hohen Wiederholungszahlen und sehr niedrigen Intensitäten gearbeitet, so dass kein überschwelliger Reiz vorhanden war. Im ersten Mesozyklus wird deswegen eine sechswöchige Gewöhnungsphase zum Hauptziel des Makrozyklus Hypertrophie ausgewählt. Das Ziel ist eine sanfte Einführung in den Trainingsplan mit 15 Wiederholungen pro Trainingssatz. Somit wird eine Basis für folgende höhere Intensität geschaffen. Durch das Kraftausdauertraining verbessert sich das Zusammenspiel einzelner Muskelgruppen, die intermuskuläre Koordination.

In den folgenden Mesozyklen II bis IV wird jeweils ein sechswöchiges Hypertrophietraining mit abnehmenden Wiederholungszahlen ausgewählt. Mit abnehmenden Wiederholungszahlen steigt auch die Trainingsintensität. Hypertrophie bedeutet nach Mac Dougall (1994, S. 232) eine Dickenzunahme der Muskelfasergröße. Das wird die Kundin ihren ästhetischen Zielen näher bringen.

Nach ILB werden zwei bis drei Trainingseinheiten pro Woche mit einem Ganzkörpertraining vorgesehen. Aufgrund einer Empfehlung von wissenschaftlichen Erkenntnissen zum Regenerationsverhalten (Bishop, Jones & Woods, 2008; Jones, Bishop, Richardson & Smith, 2006) ist es besser, eine Muskelgruppe dreimal pro Woche einem Reiz auszusetzen, als zweimal. Der zeitliche Verfügungsrahmen der Kundin lässt es zu, jede Muskelgruppe dreimal pro Woche zu trainieren.

Es werden, laut ILB, ein bis zwei Übungen pro Muskelgruppe für einen Geübten vorgesehen. Das eignet sich sehr gut, da bei einem Ganzkörpertraining viele Muskelgruppen beansprucht werden und somit drei oder mehr Übungen in das Zeitbudget der Kundin nicht passen würden. Ein Krafttraining über 60 Minuten wäre nicht vorteilhaft, da in dem Fall eine erhöhte Stresshormonproduktion stattfindet. Daraus resultiert eine Ermüdung und somit ein unproduktives Training.

Es werden pro Übung jeweils zwei Sätze geplant. Die Überlegenheit des Mehrsatztrainings gegenüber dem Einsatztraining wurde in mehreren Studien schon bewiesen (Buskies Boeckh-Behrens, 2009; Greiwing & Freiwald, 2005; Humburg, 2005). Außerdem verbrennt die Kundin somit mehr Kalorien in einer Trainingseinheit, was sie zu ihrem Ziel „Körperfettverlust" näher bringt.

Das ILB – Grobraster sieht als Organisationsform für einen Geübten ein Ganzkörpertraining vor. Da die Kundin einen zeitlichen Verfügungsrahmen von drei Trainingseinheiten pro Woche hat, eignet sich diese Form am besten. Somit wird jede Muskelgruppe dreimal pro Woche einem Reiz ausgesetzt, dies gilt als optimalen Stimulus für die Muskulatur (Fröhlich & Schmidtbleicher, 2008).

In allen Mesozyklen wird, wenn möglich, die Intensität jede Woche beziehungsweise jede zweite Woche erhöht. Nach jedem Mesozyklus wird der X-RM-Test, mit der im nächsten Mesozyklus zu trainierenden Wiederholungszahl, durchgeführt.

Wenn man den gesamten Makrozyklus betrachtet, bedeutet das, dass mit abnehmender Wiederholungszahl die Intensität steigt. Somit besteht eine progressive Belastungssteigerung und der Körper bekommt neue Reize, was Anpassungserscheinungen hervorruft. Mithilfe der nun strukturierten Reizsetzung wird die Kundin einen merklichen Trainingserfolg verzeichnen.

4 Trainingsplanung Mesozyklus

Tab. 6: Trainingsplanung Mesozyklus 2 (eigene Darstellung)

Zyklusdauer	6 Wochen					
Trainingsziel	Muskelaufbau					
Einheiten/ Woche	3					
Organisationsform	Ganzkörpertraining					
Übungen/ Muskelgruppe	2					
Sätze/ Übung	2					
Satzpausen	60 Sekunden					
Wiederholungszahl	12					
Intensität	60 – 80% ILB					
Bewegungstempo	2|0|2					
Woche	**1**	**2**	**3**	**4**	**5**	**6**
Intensität	**60%**	**65%**	**70%**	**75%**	**80%**	**80%**
Übung – Kniebeuge mit der Langhantel						
Übung – Latzug am Gerät						
Übung – Brustpresse am Gerät						
Übung – Rudern am Seilzug						
Übung – Fliegende mit Kurzhanteln						
Übung – Rückenstrecker am Gerät						
Übung – Crunch am Seilzug						
Übung – Lateralflexion am Seilzug						

Die Tabelle zeigt den Trainingsplan der Kundin für den ersten Mesozyklus. Das übergeordnete Konzept des Trainingsplans ist der Muskelaufbau, deswegen werden 12 Wiederholungen pro Satz ausgewählt. Diese Methode eignet sich am besten bei der Erreichung der gewünschten Ziele, da die Kundin Muskulatur aufbauen möchte, um äußerlich wünschenswert auszusehen und ihre Rückenschmerzen zu lindern. Außerdem hat sie gleichzeitig eine Senkung des Körperfettanteils. Die Muskulatur ist ein stoffwechselaktives Gewebe ist, das heißt, dass mit steigender Muskelmasse der Grundumsatz erhöht wird und somit leichter ein Kaloriendefizit erreicht werden kann, was für eine Reduktion des Körperfetts notwendig ist (Owen, 1988; Pratley et al., 1994; Zimmermann, 2002). Somit sind alle Ziele berücksichtigt.

Der Schwerpunkt des Trainingsplans liegt im Gleichgewicht. Es gibt sowohl Übungen im Freihantelbereich, als auch an Seilzügen und Maschinen. Ein totaler Verzicht auf ein gerätegestütztes Training für die Kundin wäre aufgrund der bisher wenigen Trainingserfahrung ein Nachteil. Damit eine langsame Gewöhnung an Seilzüge und Freihanteln stattfindet, werden auch freie Übungen in den Plan eingebaut.

Es gibt keinen muskulären Schwerpunkt auf einer bestimmten Muskelgruppe. Der ganze Körper wird beansprucht. Dadurch können mögliche muskuläre Verspannungen der Fascia thoracolumbalis gelöst und somit den Rückenschmerzen entgegengewirkt werden.

Hauptsächlich wird mit mehrgelenkigen Übungen gearbeitet, da somit die intermuskuläre Koordination verbessert wird und auch keine Scherkräfte auftreten. Somit hat die Kundin eine Zeitersparnis, da isolierte Übungen weggelassen werden können.

Die erste Übung des Trainingsplans ist die „Kniebeuge" mit der Langhantel. Diese Übung ist eine koordinativ anspruchsvolle Übung, deswegen steht sie an erster Stelle. Zu Beginn des Trainings ist das zentralnervöse System noch fit, somit kann die Technik korrekt ausgeführt werden. Hierbei wird mehr als die Hälfte der Muskelmasse im Körper eingesetzt, was schon zu Beginn des Trainings zu einer großen Testosteronausschüttung führt. Testosteron ist ein Wachstumshormon, das hauptsächlich für den Aufbau von Muskelmasse zuständig ist. Alle weiteren Übungen im Plan profitieren von dieser Ausschüttung (Kraemer, 1994, S.80). Primär beanspruchte Muskeln bei dieser Übung sind der M. quadriceps femoris und der M. glutaeus maximus. Durch diese Übung kann den Verspannungen an der Fascia thoracolumbalis positiv entgegengekommen werden. Somit werden die Ziele der Kundin „Muskeln aufbauen" und „Rückenschmerzen lindern" befolgt.

Die zweite Übung ist der „Latzug" am Gerät. Diese dient zur Kräftigung der Rücken-, Schulter- und Armbeugemuskulatur. Dadurch erhält man eine bessere Stabilisation der Wirbelsäule, was die Kundin ebenso ein Schritt weiter zu einem schmerzfreien Rücken führt. Um die Aufrechterhaltung des Testosteronspiegels weiterhin zu unterstützen, wird diese Übung als Zweites gewählt.

Als Nächstes folgt die „Brustpresse". Auch hier handelt es sich um eine geführte Bewegung, wo hauptsächlich der große Brustmuskel, der vordere Anteil des Deltamuskels und der dreiköpfige Oberarmmuskel beansprucht werden. Hier wird weiterhin eine Aufrechterhaltung des Testosterons geschaffen. Diese Übung wurde ausgewählt, um ein ganzheitliches Trainingsprogramm zu erhalten.

Weiter geht es mit dem „Rudern" am Seilzug. Diese Übung eignet sich ideal für Menschen mit einer monotonen Arbeitshaltung, da hier neben dem breiten Rückenmuskel und dem Trapezmuskel auch die etwas kleineren Muskeln am oberen Rücken beansprucht werden. Dazu gehören beispielsweise die Rautenmuskeln und der große Rundmuskel. Diese dienen für eine aufrechte Haltung, da die Schulterblätter nach hinten gezogen werden. Nach dem Aspekt der Komplexität und des Muskelmasseanteils wurde diese Übung vor den Folgenden gesetzt.

Im Anschluss folgt die Übung „Fliegende" mit Kurzhanteln auf der Flachbank als antagonistische Übung zum „Rudern". Hier wird primär der große Brustmuskel und der vordere Anteil des Trapezmuskels beansprucht. Auch diese Übung wurde zwecks eines ganzheitlichen Trainingsprogramms ausgewählt.

Die nächste Übung ist der „Rückenstrecker" am Gerät. Der Schwerpunkt liegt hierbei auf der autochthonen Rückenmuskulatur. Durch Stärkung des unteren Rückens können die Rückenschmerzen gelindert werden, die vermutlich durch Verspannungen und einer schwachen Muskulatur zustande kommen. Die Kundin darf während der Übung keine Schmerzen empfinden, dementsprechend kann die Bewegungsamplitude ausgewählt werden. Mit zunehmender Leistungsfähigkeit kann diese vergrößert werden.

Als Letztes wird im Trainingsplan die Bauchmuskulatur gekräftigt. Es folgen die Übungen „Crunch" und „Lateralflexion" am Seilzug. Diese stehen an letzter Stelle, da eine frühzeitige Ermüdung des Rumpfes zu Beginn des Trainings nicht wünschenswert wäre. Der Crunch dient zur Stärkung der geraden Bauchmuskeln und die Lateralflexion beansprucht dagegen primär die inneren schrägen und äußeren schrägen Bauchmuskeln. Ziel ist es den Rumpf zu stabilisieren, was die Kundin in ihrem weiteren Trainingsverlauf unterstützen wird. Diese Übungen helfen bei der Stärkung der Stabilisation der Wirbelsäule und dienen auch der Linderung der Rückenschmerzen.

5 Literaturrecherche

Tab. 7: Studie 1 zum Thema „Krafttraining bei Diabetes Mellitus Typ 2" (Church TS., Blair SN., Cocreham S., et al., 2010)

Wer hat die Studie durchgeführt?	Pennington Biomedical Research Center, Louisiana State University System, Baton Rouge, Arnold School of Public Health Church TS., Blair SN., Cocreham S., et al.
In welchem Jahr wurde die Studie publiziert?	November 2010
Mit welchen Versuchspersonen wurde die Studie durchgeführt?	- mit 262 Frauen und Männern, die bisher körperlich inaktiv waren - Durchschnittsalter: 56 Jahre - durchschnittlicher HbA1c-Wert: 7,7% (61 mmol/mol)
Wie sah der Versuchsaufbau aus?	- 221 Personen bekamen ein Trainingsprogramm. Davon bekamen: • 73 Personen Kraftübungen • 72 Personen ein Ausdauertraining • 76 Personen sowohl Kraft- als auch Ausdauerübungen • 41 Personen Streck und Entspannungsübungen (dienten als Kontrollen) - Das Programm wurde über 9 Monate mit 1-3 Trainingstagen pro Woche unter Anleitung durchgeführt - Gesamttrainingszeit: 140 Minuten pro Woche - Intensität: 50-80% des individuell bestimmten maximalen Sauerstoffverbrauchs
Welche relevanten Ergebnisse und Schlussfolgerungen liefert die Studie?	- Probanden, die eine Kombination aus Kraft- und Ausdauertraining durchführten, konnten im Vergleich zur Kontrollgruppe ihren HbA1c-Wert um 0,34% senken. - Probanden, die ein reines Ausdauertraining betrieben, hatten ein unverändertes Ergebnis - Somit wird eine Kombination von Kraft- und Ausdauertraining empfohlen.

Tab. 8: Studie 2 zum Thema „Diabetes Mellitus Typ 2" (Grøntved, A. et al., 2012)

Wer hat die Studie durchgeführt?	Grøntved A, Rimm EB, Willett WC, Andersen LB, Hu FB.
In welchem Jahr wurde die Studie publiziert?	2012
Mit welchen Versuchspersonen wurde die Studie durchgeführt?	- mit 32.002 männlichen Personen - Alter: 40 bis 75
Wie sah der Versuchsaufbau aus?	- die Probanden erhielten alle 2 Jahre Fragebögen, in denen sie Angaben zu Krankheiten, Größe, Gewicht, zur Ernährung, zum Rauchen und ihren sportlichen Aktivitäten machen sollten - sie betrieben 3 mal wöchentlich Kraft- und Ausdauertraining - die Probanden wurden je nach Dauer der Aktivität in Gruppen eingeteilt: • 0 Min/ Woche • 1 - 59 Min/ Woche • 60 – 149 Min/ Woche • >150 Min/ Woche - Störgrößen wie Essverhalten, BMI oder das Rauchen wurden in die Berechnungen mit einbezogen
Welche relevanten Ergebnisse und Schlussfolgerungen liefert die Studie?	- 2278 Probanden erkrankten an Diabetes Mellitus Typ 2 - Probanden, mit einem wöchentlich mehr als 150 minütigem aerobem Krafttraining hatten ein 34% geringeres Erkrankungsrisiko - Probanden, mit einem wöchentlich 1 - 59 minütigem aerobem Krafttraining hatten ein 12% geringeres Erkrankungsrisiko Probanden, mit einem wöchentlich 60 - 149 minütigem aerobem Krafttraining hatten ein 25% geringeres Erkrankungsrisiko - Probanden, die eine Kombination aus aerobem und anaerobem Training durchführten, hatten mit 59% den größten Effekt

6 Literaturverzeichnis

Buskies, W. & Boeckh-Behrens, W.-U. (2009). *Fitness-Gesundheits-Training. Die besten Übungen und Programme für das ganze Leben.* Reinbekbei Hamburg: Rowohlt.

Church TS., Blair SN., Cocreham S., et al. (2010), *Effects of aerobic and resistance training on hemoglobin A1c levels in patients withtype 2 diabetes: a randomized controlled trial.* Zugriff am 13.10.2016. Verfügbar unter: http://jamanetwork.com/journals/jama/article-abstract/186960.

Eifler, C. (2000). *Krafttraining nach der ILB-Methode – Eine empirische Überprüfung der Trainingseffekte bei Anfängern und Fortgeschrittenen.* Diplomarbeit, Universität des Saarlandes. Saarbrücken.

Eifler, C. (2013). *Empirische Überprüfung der Effekte verschiedener Ansätze zur Intensitätssteuerung im fitnessorientierten Krafttraining.* Dissertation, Universität des Saarlandes. Saarbrücken.

Fröhlich, M. & Schmidtbleicher, D. (2008). Trainingshäufigkeit im Krafttraining– ein metaanalytischer Zugang. *Deutsche Zeitschrift für Sportmedizin, 59* (2), 4-12.

Greiwing, A. & Freiwald, J. (2005). Effects of three resistance training methods on maximal strength endurance and muscle thickness of the m. quadriceps femoris. In J. Gießing, M. Fröhlich & P. Preuss (eds.), *Current results of strength training research* (pp. 65-79). Göttingen: Cuvillier.

Gröntved, A. et al. (2012). *A prospective study of weight training and risk of type 2 diabetes mellitus in men.* Zugriff am 13.10.2016. Verfügbar unter: https://www.ncbi.nlm.nih.gov/pmc/articles/PMC3822244/.

Humburg, H. (2005). 1-Satz- vs. 3-Satz-Training. Die Auswirkungen des Krafttrainingsvolumens auf Maximalkraft, Kraftausdauer, Muskeldicke und neuronale Faktoren. Dissertation, Universität Hamburg.

Jones, E. J., Bishop, P. A., Richardson, M. T. & Smith, J. F. (2006). Stabilityof a practical measure of recovery from resistance training. *Journal ofStrength and Conditioning Research, 20*(4), 756-759.

Kraemer, W. J. (1994a). Die Bedeutung endokriner Faktoren für die muskuläreLeistung. In P. V. Komi (Hrsg.), *Kraft und Schnellkraft im Sport*(S. 74-85). Köln: Deutscher Ärzte-Verlag.

Mac Dougall, J. D. (1994). Hypertrophie und/oder Hyperplasie. In P. V.Komi (Hrsg.), *Kraft und Schnellkraft im Sport* (S. 232-239). Köln: Deutscher Ärzte-Verlag.

Owen, O. (1988). Resting metabolic requirements of men and women. *Mayo Clinic proceedings, 63*(5), 503-510.

Pratley, R., Nicklas, B., Rubin, M., Miller, J., Smith, A., Smith, M., Hurley, B.& Goldberg, A. (1994). Strength training increases resting metabolic rate and norepinephrine levels in healthy 50-to-60-year men. *Journal of Applied Physiology, 76* (1), 133-137.

Strack, A. & Eifler, C. (2005). The individual lifting performance method (ILP) - a practical method for fitness- and recreational strength training. In J. Gießing, M. Frölich & P. Preuss (eds.), *Current Results of Strength Training Research* (pp. 153-163). Göttingen: Cuvillier.

Zimmer, M. (1999). *Entwicklung und Erprobung eines Mehrwiederholungstests zur Erfassung der Kraftleistung im Fitneß-Training*. Diplomarbeit, Universität des Saarlandes. Saarbrücken.

Zimmermann, K. (2002). *Gesundheitsorientiertes Muskelkrafttraining. Theorie, Empirie, Praxisorientierung* (2. Aufl.) Schorndorf: Hofmann.

7 Abbildungs- und Tabellenverzeichnis

7.1 Tabellenverzeichnis

Tab. 1: Allgemeine Daten zur Person (eigene Darstellung) 3

Tab. 2: Biometrische Daten zur Person (eigene Darstellung) 3

Tab. 3: 15-RM Testergebnisse (eigene Darstellung) 4

Tab. 4: Zielsetzung (eigene Darstellung) 5

Tab. 5: Makrozyklusplanung „Geübter" nach ILB 7

Tab. 6: Trainingsplanung Mesozyklus 2 (eigene Darstellung) 10

Tab. 7: Studie 1 zum Thema „Krafttraining bei Diabetes Mellitus Typ 2" (Church TS., Blair SN., Cocreham S., et al., 2010) 13

Tab. 8: Studie 2 zum Thema „Diabetes Mellitus Typ 2" (Gröntved, A. et al., 2012) 14

BEI GRIN MACHT SICH IHR WISSEN BEZAHLT

- Wir veröffentlichen Ihre Hausarbeit, Bachelor- und Masterarbeit

- Ihr eigenes eBook und Buch - weltweit in allen wichtigen Shops

- Verdienen Sie an jedem Verkauf

Jetzt bei www.GRIN.com hochladen und kostenlos publizieren